中國古典數字工程叢書

太古帝王集

九卷

新世界出版社

图书在版编目（C I P）数据

太古帝王集 / 栾贵明主编. -- 北京 : 新世界出版社, 2017.5

（中国古典数字工程丛书）

ISBN 978-7-5104-6261-0

Ⅰ. ①太… Ⅱ. ①栾… Ⅲ. ①帝王—列传—中国—古代 Ⅳ. ①K827=2

中国版本图书馆CIP数据核字(2017)第083279号

太 古 帝 王 集

主　　編：欒貴明
責任編輯：張世林
版式設計：陳　飛
封面設計：賀玉婷
責任印制：李一鳴　王寶根
出版發行：新世界出版社
社　　址：北京市西城區百萬莊大街24號（100037）
總編室電話：+86 10 6899 5424　　6832 6679（傳真）
發行部電話：+86 10 6899 5968　　6899 8705（傳真）
本社中文網址：http://www.nwp.cn
本社英文網址：http://www.nwp.com.cn
版權部電子信箱：nwpcd@sina.com
版權部電話：+86 10 6899 6306
印　　刷：北京亞通印刷有限責任公司
經　　銷：新華書店
開　　本：710×1000　1/16
字　　數：55千字　　印　　張：6.5
版　　次：2017年6月第1版　2017年6月北京第1次印刷
印　　數：1－3000冊
書　　號：ISBN 978-7-5104-6261-0
定　　價：30.00 圓

編輯人員

名譽主編　胡德平

主　　編　欒貴明

副 主 編　張世林　賴永海　田　奕

編　　委　陳　飛　淨　因　蔡慕雷　張怡芳　裴效維　白小麥
　　　　　王　梅　王　琦　范業強　寒小風　林　滄　周松梅
　　　　　陳曉雲　董　磊　崔昌喜　萬春蓮　譚媛媛　鄭珍珍
　　　　　曹世超　胡　敏　陳　駿　張駿龍　繆京玉　趙雲英
　　　　　陳瑞榮　任　剛　任　紅　劉偉成　艾　瑩　于俊文
　　　　　張曉光　蔡文利　朱　明　劉叢叢　歐陽志方

校　　對　陳瑞蘭　李進英　李進榮　李　靜　周玉蘭　趙永梅
　　　　　趙麗媛　譚淑苹　劉　培　孫虹艷　李瑞娟　楊萬里

題辭

拾穗靡遺，掃葉都淨，網羅理董，俾求全徵獻，名實相符，猶有待於不恥支離事業之學士焉。

錢鍾書 默存

《管錐編》第三冊八五四頁《總敘》
中華書局一九七九年八月第一版

凡例

甲、緣由

六千五百年中華文化，其核心為漢字記錄之典籍。我們的文化，很好的文化，是一個個中國人所創建；「經史子集」和外來圖書分類法，不足以全面呈現中華文化。「自信開拓萬古之心胸」的錢鍾書先生上列論斷，焦琴有聲，聞風響應。涓涓細流，從者如泉，不舍晝夜。他對文化和電腦聯姻寄以厚望，中國古典數字工程依此邁出艱難一小步。

乙、目標

從一九八五年至今，工程按規劃，首度構建四十萬人組成的人物庫，每位錄載名字號謚、皇朝帝代、年齒爵里、科舉仕途、詩文專著及文獻出處等多項基本信息。其中上自羲農，下迄北宋，已得一萬伍千人存世全集，本叢書依此一一編出，當是本工程副產品之一。預計最終完成會有四萬人左右。以保存為目的，以研討為服務對象的「萬人集」由此而生。

丙、原則

遵從孔子「中庸之為德」「述而不作」之原則，貫徹錢師所謂「做裁縫不做外科醫生」之科學理念，故對於一切爭議兼收並蓄，不捲入爭論，不為人師，不設門派，不下結論，不遮風避雨，不空耗紙墨，惟以盡力提供完整資料為己任。

丁、底本

兼顧良善珍稀和方便通行，構建自主之底本，一律注出而不詳加論述。其它版本之中採納已經驗證之字句灼見，亦注明來源，以示對先輩尊重。而對民族和政治傾向偏執之《四庫全書》等，當慎之又慎，非僅存孤本，一般謝絶採用。歷代文獻及目錄史料當中，有關先秦時期典籍咸少記錄。其文本又經千年學眾搜集、勘定、補充、傳承，面貌多存變化。然太昊、神農、黄帝等九位帝王或他們的時代肇始之功不可泯失。我們考慮到炎黄二集有重大意義，故單獨成書。從太昊氏至夏禹之前，編作《太古帝王集》。本書體例不改，對文字中人名、地名、史實倒置的流轉多種情狀，特別是語句「現代化」傾向一律不做考證、删改、修正，我們重申尊重文化發展的通則。

戊、編例

一、秩序

本集所收作品大致分為舊存、新輯、專著三個部分。取清嚴可均氏等遺存著作，再經校核或加載不同版本異文，是為舊存。新輯者，則由本工程從電腦系統逐條搜獲所得。專著部分，則選取通行良善版本或前或後置之，或標卷標之下。若該集僅存兩頁之内，則不予立卷編目。

二、標題

編入作品，如舊存標題，儘量沿用。如標題相同，則在其下加添注文。當新舊文字混編時，對於舊存内容，在其標題之下標以「*」，或逕直注出。

三、正文

新得部分取出處最早或版本較優者。例如出自二十四史者，則選用百衲本，並以《叢書集成》等其它版本補充。如果注釋内容偏少，則祇收和注釋相關的正文或將正文移作標題。惟因本集收集文字甚遠，歷數千年流傳，文字數番譯轉，甚至變化不可名狀，多疑有後人所添改。先代鴻儒，偶有鍾情西方文化者，采用考古之行例，甚至司法之定律，將文獻視同文物，將千百年演化視作一時之突變，把文字演化傳承認定為傳說故事，三墳五典八索九丘概歸子虛烏有，從而否定古代文典之可信成分。吾輩祇知忠實於現存珍貴文字，便利專門家做出適當判斷，故編者不做「考辨」。正文以原文為起迄，對該文述及之緣由乃至所引發之後果，作為題下小序、補語或語境存證，多予保留。

四、異文

「異文」包括作者、標題、序言、正文等。其異文或自成門派，或出多家，或載他本，有可供參考者，則於該段正文後，以先本書再他書為序，列作異文，各條異文，以引文為序。當年錢師審讀田奕碩士論文《論宋詞查重》時說，電腦查重，詞比詩難，中比西妙。不必再行手工費力露拙，僅止「盡量提供」足矣，不多寫，不上課。本書另置有「附錄」，收錄較異文繁雜之參考文字，則收於適當位置。專著部分，則以標題或節段為單位，在近處依次記錄異文，並在其下標明出處。異文項僅取必要之文，不取底本之外確知為舛錯之字；更不輕取無版本依據之字，無異作者又無異文者不再引錄。由於本叢書使用電腦編輯，最終將流歸鉅大「數字工程」，因此本書編輯必須適應古籍校、注、疏、箋多樣內容及格式。本書「異文」立「多取數字」為對位原則，俾令笨直之電腦能將異文準確頂入文本，參與多門運算。為適應古籍以及電腦之雙重特性，恰如錢師所言「能幫助人的電腦需要人的更多幫助」也。

五、出處

凡所輯錄文字，均於正文後注為第一出處。出處先注作者朝代、作者姓名，再標作品名稱、卷數章節。而對《太平御覽》《永樂大典》等名籍則不注朝代和作者。若文出多家，第二出處以下不涉文字異同，祇示參見。異文的出處同樣標為雙行小注。若同一出處多條，則於最後一條下標出處，或加「以上」兩字。專著和注作的出處，前置「以下」起始，必用「以上」作結。

六、格式

本書標點採用傳統斷句、依事分段格式，以適古來各式之文體及電腦運作。

七、附錄

每朝每代均存遠貸署名之作，雖文字內容、風格與所屬時代多呈不符，其語句多為歷代所引，但又有留存參觀必要者，作為附錄。某些作品，尚未為歷來學界認同，則在全書最後之「參考書目」中羅列。目錄過繁則加排索引以供參證考索。

己、致歉

今編新集，係藉數字工程之助，統於士人之心智，佐以電腦之良能。惟其首創，或珠遺滄海，或李戴張冠；將欲絕之，奚敢云必。所幸通人大雅，有以諒解。至於指謬正訛，無任歡迎。再版當益趨完善。

庚、追遠

追溯工程創建之初，實承默存先生授命。規模架構，定在厥先；持之三十餘年，略收成效。今此支離輯錄，可見一斑；藉告在天，或堪少慰。欲將為山，功在不捐；繼大匠以先知，庶後來之可述。

太古帝王集總目

帝太昊集

帝太昊小傳

太昊，亦作太皞。生於成紀，風姓，號「伏戲氏」，一作「伏羲氏」。以木德王，有聖德。象日月之明，掌天地之官，乘震執規司春，是為春皇，故稱「太昊」。教民佃漁畜牧，養犧牲以充庖廚，故曰「庖羲氏」，亦作「包犧氏」「宓犧氏」。有龍瑞，以龍紀官，號曰「龍師」。始畫八卦，作易，紀陽氣之初。造書契，以為律法。都於陳，東封泰山。製三十五弦之瑟，作《扶來》之樂，亦曰《立基》，有《網罟》之詠。相傳為人始祖，與女媧成婚，制嫁娶，正姓氏。據《中華史表》，帝太昊於公元前四四六三年至公元前四三四四年在位，共百二十年，一云百一十年。

帝太昊集目錄

帝太昊集卷一

十言之教舊存

乾。坤。震。巽。坎。離。艮。兌。消。息。左傳定四年正義

乾坤鑿度·乾鑿度以下新輯

庖犧氏先文。公孫軒轅氏演古籀文。蒼頡修爲上下二篇。

黄帝曰。太古百皇。闢基文籀。遽理微萌。始有熊氏。知生化。柢晤茲天心。譩念虞思慊㥯。慮萬源無成。既然物出。始俾太易者也。太易始著。太極成。太極成。乾坤行。老神氏曰。性無生。生復體。天性情。地曲巧。未盡大道。各不知其自性。乾坤既行。太極太成。黄帝曰。聖人索顛作天。索易以地。俯仰而象。遠近而物。浩而功。然而立。太古斷元。聖人法地極。先王而設位。物成而麗形。錯媥以文。改茹以魚。虞獸以韋。上齒以壽(前)。法物以佊(後)。柝菥以策。運蓍以數。王天下者也。太易變。教民不倦。太初而後有太始。太始而後有太素。有形始於弗形。有法始於弗法。極先元見軏轍。像偃章流。立文以詁。息孫而後傳授天老氏。而後傳授於混沌氏。而後授天英氏。而後傳無懷氏。而後傳授中孫炎帝神農氏。中聖古法淳物元造不足益之器。用農穀衣蘊。高以飾乘。卑以飾足。而後傳烈山氏。而後授三孫帝釐氏。次授老孫氏。公孫軒轅氏益之法。神器車符。文左武右。三

器備御。自上古及下。帝孫大熟。化演設民弗倦。益物弗限。盡祕先之旨闕接引。聖人顯其機智。聖人曰。乾坤對大易興。設法軌壞而息。智之易。八卦變策。象數庶物。老天地限以為則。庖氏先文乾鑿庑(度)。勑天門以為名。古有先文。未祈真冥。(古有先文。未析開名目次第之也。太古距庖氏有上云文。不知何述其源也。以上永樂大典原註。)

乾坤鑿度・坤鑿度

庖犧氏先文。公孫軒轅氏演籀。蒼頡修為下文。

坤鑿度者。太古變乾之後。次鑿坤度。聖人法象知元氣隤委。固甲作捍顯。孕靈坤僊(地)。聖人斷元。偶然成地。積土形。不騫揃。太極有。地極成。人極靈。如履薄厚。如資長極。天有太極。地有太壇。黃帝曰。天地宜盡門。地道距水澈。女媧斷定足。其隤一址。坤母運軸。而後大央氏。百庭氏。大元氏。立坤元成萬物。度推其理。譯坤性。生育百靈。效法之道矣。(古無之也矣字。後賢益之也。以上永樂大典原註。)

異文坤鑿度云。孕靈坤僊。(明・李詡・戒庵老人漫筆卷一)

按。要籍乾坤鑿度。在永樂大典中格式複雜。四庫館臣不能辨識。而屬名分明。自當首歸太昊。其文多見史籍稱引。如水經注。文選注。類書等達百餘條。太半可於大典中覓得。可證四庫館臣所謂書出宋代。當不成立。

庖氏曰

庖氏曰。

坤附於乾。順亨貞。軵依乾而行。乾一索而男。坤一索而女。依乾行道。乾為龍。純顥氣。氣若龍。坤為馬。

庖犧氏曰

庖犧氏曰。

上山增艮。定風封信。立雷作威。水火成濟。（以上永樂大典卷一四七〇八引易乾坤鑿度）

天皇伏犧氏策辭其一

河圖及三五歷云。自人皇已後。有五龍氏。燧人氏。大庭氏。柏黄氏。中央氏。卷須氏。栗陸氏。驪連氏。赫胥氏。尊盧氏。渾沌氏。昊英氏。有巢氏。朱襄氏。葛天氏。陰康氏。无懷氏。而不知其姓氏世次。三墳載天皇伏犧氏策辭云。

皇曰。命子襄居我飛龍之位。生我圖文。代我咨告於四方上下。無或差忒。

天皇伏犧氏策辭其二

後。昊英氏進曆於君曰。曆起甲寅。

皇曰。甲日寅辰。木王於卯。

天皇伏犧氏策辭其三

二月。乃集眾於傳教臺。告民示始。甲寅。后女媧氏。无懷氏。輔君之右。上相共工。下相皇亘。飛龍朱襄氏。潛龍昊英氏居君左右。栗陸氏居北。赫胥氏居南。昆連氏居西。葛天氏居東。

陰康氏居下。九州之牧各統其人。群居於外。

皇曰。栗陸子居我飛龍之位。主養草木。開導泉源。毋或失時。

天皇伏犧氏策辭其四

曰。大庭子主我屋室。視民之未居者。喻之借力。同創其居。無或寒冷。

天皇伏犧氏策辭其五

曰。陰康子主我水土。俾民居處。無或漂流。勤於道陸。

天皇伏犧氏策辭其六

曰。混沌子居我降龍之位。惟主於民。

天皇伏犧氏策辭其七

曰。昆連予王我刀斧。無俾野獸犧虎之類傷殘生民。

天皇伏犧氏策辭其八

皇曰。四方之君。咸順我辭。則世無憂。惟愛於民。則位不危。

天皇伏犧氏策辭其九

又曰。子無懷安。惟安於民。民安子安。民危子危。其子念哉。以上宋・謝守灝・混元聖紀卷之一

太昊曰

孔子論治。以書同文。車同軌。行同倫為極盛。清之天下。可謂同文同軌矣。惟行殊焉。而理亂頓異。則知伏義氏所謂。

通天下之志。清史稿卷一百四十九・志一百二十四・交通一

無懷氏集

無懷氏小傳

無懷氏，太古帝王。依《帝王世紀》當置炎帝之前，太昊之後。《管子》曰：「無懷氏封泰山，禪云云。」《尚書》孔穎達正義曰：「其登封者皆刻石紀號。」宋人孫何《碑解》稱：「其出自寓言，不足傳信。」高承《事物紀原》載：「刻石當以無懷為始。」羅泌《路史》載：「無懷氏其撫世也，以道存生，以德安刑，過而不悔，當而不愉。當世之人，甘其食，樂其俗，安其居，而重其生。意恙不見于色，堅白不刑于心，而漸毒不萌于動。形有動作，心無好惡。雞犬之音相聞，而民至老死不相往來。令之曰：無懷氏之民，世用太平，鳳凰降，龜龍閣，風雨節，而寒暑時。于是陞中泰山以宗天，禪云云。以復墜仂石昭示，而天下益趣于文矣。」據《中華史表》，無懷氏時代結止於公元前三二〇四年。

無懷氏集 新輯

無懷氏曰

無懷氏曰。

上聖頤天以盡象。頤物以盡源。頤事以盡情。而後天平地成。萬穴効靈。五物梤行。三天不亂。聖與造遊。理俾冥運。易動而敷。運化諸府。乾坤在道。日月相將。天地與訓永常。日月與明。雖未盡大道。各尠彰洎性。大化行天地也。永樂大典卷一四七〇八引易乾坤鑿度

帝少昊集

帝少昊小傳

少昊，亦作少皞、少皥，名「摯」，或「摰」。修太昊之法，故曰「少昊」。以金德王，故亦曰「金天氏」。邑於窮桑，以登帝位，都曲阜。其立也，鳳鳥適至，以鳥紀官，文章衣服，取象古文，故有鸞鳳書。作《大淵》之樂，亦曰《九淵》。司馬《史記》稱，縲祖為黃帝正妃，生二子，其後皆有天下。其一曰「玄囂」，是為「青陽」，其二曰「昌意」，降居若水。又曰，皆不得在位。皇甫謐《帝王世紀》稱：「少昊帝名摯，字青陽，姬姓也。降居江水，有聖德。邑窮桑，以登帝位。」載記矛盾多有，恰證或人在，或事存，而非子虛烏有，亡是三公者也。據《中華史表》，帝少昊於公元前二五七三年至公元前二四七四年在位，共百年。

帝少昊集 新輯

少昊言

前少皞氏言。

祝鳩氏為司徒。唐·賈公彦·周禮正義序

帝顓頊集

帝顓頊小傳

顓頊，黄帝孫，昌意子。妘姓，一云姬姓。生於若水。佐少昊，年二十即帝位。初國於高陽，故號「高陽氏」。以水德王。都於帝丘，北至幽陵，南至交阯，西至流沙，東至蟠木。動靜之物，小大之神。，日月所照，莫不砥屬。作《承雲》之樂，或曰《五莖》，或曰《六莖》。據《中華史表》，帝顓頊於公元前二四七三年至公元前二三九六年在位，共七十八年，年九十八而崩。

帝顓頊集目錄

帝顓頊集卷一

政語其一 以下舊存

帝顓頊曰。至道不可過也。至義不可易也。是故。以後者復迹也。故上緣黃帝之道而行之。學黃帝之道而賞之。加而弗損。天下亦平也。賈誼新書·脩政語上

政語其二

顓頊曰。功莫美於去惡而為善。罪莫大於去善而為惡。故非吾善善而已也。善緣善也。非惡惡而已也。惡緣惡也。吾日慎一日。其此已也。賈誼新書·脩政語上

丹書

敬勝怠者。強。怠勝敬者。忘。義勝欲者。從。欲勝義者。凶。凡事不強則枉。不敬則不正。枉者滅廢。敬者萬世。大戴禮

帝顓頊之法

婦人不辟男子於路者。拂之於四達之衢。淮南子·齊俗訓 太平御覽卷七〇引淮南子

顓頊令其一 以下新輯

北方之極。顓頊玄冥之所司。其令曰。申群禁。固閉藏。脩障塞。繕關梁。禁外徒。斷罰刑。殺當罪。閉關閭。大搜客。止交游。禁夜樂。蚤閉晏開。以塞姦人。已得。執之必固。天節已幾。刑殺無赦。雖有盛尊之親。斷以法度。毋行水。毋發藏。毋釋罪。淮南子·時則訓

顓頊令其二

惟天之合。正風乃行。德與天合。其音若熙熙凄凄鏘鏘。帝顓頊好其音。乃令飛龍作效八風之音。命之曰。承雲。以祭上帝。太平御覽卷五六六·歷代樂　世本卷第一

顓頊曆術

顓頊厤術曰。天元正月己巳朔旦立春。日月俱起于天廟。營室五度。月令孟春之月。日在營室。後漢·蔡邕·月令篇名

異文俱以日月起於天廟。營室五度。今月令孟春之月。後漢書卷九十二·志第二注

顓頊混法

顓頊混法曰。

天形圜也。（原人論・發微錄第二）

顓頊曰其一

高陽問力黑曰。

天地已成。黔首乃生。莫循天德。謀相覆傾。吾甚患之。為之若何。（馬王堆漢墓帛書・姓爭）

顓頊曰其二

顓頊有云。

河上先生為吾隱之于咸陽西北。吾之孫有草付臣。又土應之。（晉書卷一百十四・載記第十四）

帝嚳集

帝嚳小傳

帝嚳，名嚳，一云名夋，一云名岌。黃帝曾孫。興於高辛，號「高辛氏」。年十五，佐顓頊，三十五即位。以木德王，都亳。作《九招》《六列》《六英》之樂，或曰《五英》之樂。據《中華史表》，帝嚳於公元前二三九五年至公元前二三二一年在位，共七十五年，年一百五而崩。陶弘景云：在位六十三年，年九十二而崩。

帝嚳集

政語其一 舊存

帝嚳曰。緣道者之辭。而與為道已。緣巧者之事。而學為巧已。行仁者之操。而與為仁已。故節仁之器以脩其躬。而身專其美矣。故上緣黃帝之道而明之。學顓頊之道而行之。而天下亦平也。賈誼新書·脩政語上

政語其二 舊存

帝嚳曰。德莫高于博愛人。而政莫高于博利人。故政莫大于信。治莫大于仁。吾慎此而已也。賈誼新書·脩政語上

帝嚳書 新輯

鬼車鳥。相傳此鳥昔有十首。能收人魂。一首為犬所噬。秦中天陰。有時有聲。聲如力車鳴。或言是水雞過也。白澤圖謂之蒼鸆。帝嚳書謂之逆鶬。唐·段成式·酉陽雜俎卷十六 明·鄺露·赤雅卷三 明·周祈·名義考卷十

帝堯集

帝堯小傳

堯，姓伊祁，名放勳，帝嚳子。生於丹陵。兄帝摯封為唐侯。以帝摯之九年受禪。初居於陶，遷居唐，號「陶唐氏」，史稱唐堯。相傳設官掌時令，定曆法。命鯀治洪水未成，咨詣於四嶽。以火德王，都平陽，或云以土德王。子丹朱不肖，傳位於舜，史稱禪讓。一說，堯晚年德衰，為舜所囚而奪其位。謚曰「堯」。作《大咸》《大章》之樂，或曰《大嘗》之樂。據《中華史表》，帝堯於公元前二三三一年至公元前二二三四年在位，共九十八年，年百十八而崩。

帝堯集目錄

帝堯集卷一 舊存

政語

帝堯曰。吾存心于千古。加志于窮民。痛萬姓之罹罪。憂衆生之不遂也。故一民或飢。曰。此我飢之也。一民或寒。曰。此我寒之也。一民有罪。曰。此我陷之也。賈誼新書·脩政語上

堯戒

戰戰慄慄。日慎一日。人莫蹪於山而蹪於垤。淮南子·人間訓

刻璧東沈於雒

天子臣放勳。德薄施。行不玄。太平御覽卷八十引尚書中候

帝堯集卷二 新輯

堯命其一

曰若稽古帝堯。曰放勳。欽明文思安安。允恭克讓。光被四表。格于上下。克明俊德。以親九族。九族既睦。平章百姓。百姓昭明。協和萬邦。黎民於變時雍。乃命羲和。欽若昊天。厤象日月星辰。敬授人時。尚書・虞書・堯典　太平御覽卷二〇三・職官部一・摠敘官

異文 欽若昊天。敬授人時。洞神八帝元變經・論時節要第三

欽若上天。歴象日月星辰。宋・夏竦・定四時別九州聖功孰大論

堯命其二

分命羲仲。宅嵎夷。曰。暘谷。寅賓出日。平秩東作。日中星鳥。以殷仲春。厥民析。鳥獸孳尾。尚書・虞書・堯典　太平御覽卷二〇三・職官部一・摠敘官

堯命其三

申命羲叔。

宅南交。平秩南訛。敬致。日永星火。以正仲夏。厥民因。鳥獸希革。（尚書·虞書·堯典　太平御覽卷二〇三·職官部一·摠敘官）

異文　厥民因。鳥獸稀革。（太平御覽卷二一·時序部六·夏上）

堯命其四

分命和仲。

宅西。曰。昧谷。寅餞納日。平秩西成。宵中星虛。以殷仲秋。厥民夷。鳥獸毛毨。（尚書·虞書·堯典　太平御覽卷二〇三·職官部一·摠敘官）

堯命其五

申命和叔。

宅朔方。曰。幽都。平在朔易。日短星昴。以正仲冬。厥民隩。鳥獸氄毛。（尚書·虞書·堯典　太平御覽卷二〇三·職官部一·摠敘官）

堯命其六

皇帝哀矜庶戮之不辜。報虐以威。遏絕苗民。無世在下。乃命重黎。絕地天通。罔有降格。羣后之逮在下。明明棐常。鰥寡無蓋。皇帝清問下民。鰥寡有辭于苗。德威惟畏。德明惟明。乃命三后。

恤功于民。伯夷降典。折民惟刑。禹平水土。主名山川。稷降播種。農殖嘉穀。（尚書·周書·呂刑）

異文 稷降播種。農食嘉穀。（太平御覽卷八三七·百穀部一·穀）

堯曰其一

帝曰。

咨。汝羲暨和。朞。三百有六旬有六日。以閏月定四時成歲。允釐百工。庶績咸熙。（尚書·虞書·堯典　太平御覽卷一七·時序部二·閏）

堯曰其二

帝曰。

疇咨若時登庸。（尚書·虞書·堯典　後漢書卷八十·列傳第七十下注　初學記卷二十·政理部·薦舉第四　册府元龜卷一四八·帝王部·知子）

堯曰其三

放齊**曰**。胤子朱啟明。**帝曰**。

吁。嚚訟。可乎。（尚書·虞書·堯典）

堯曰其四

帝曰。

疇咨若予采。（尚書・虞書・堯典　冊府元龜卷一四八・帝王部・知臣）

堯曰其五

驩兜曰。都。共工方鳩僝功。帝曰。

吁。靜言庸違。象恭滔天。（尚書・虞書・堯典　冊府元龜卷一四八・帝王部・知臣）

堯曰其六

帝曰。

咨四岳。湯湯洪水方割。蕩蕩懷山襄陵。浩浩滔天。下民其咨。有能俾乂。（尚書・虞書・堯典　宋・范純仁・尚書解・堯典　宋・司馬光・策問五道・第二道）

異文嗟。四嶽。湯湯洪水滔天。浩浩懷山襄陵。下民其憂。有能使治者。（史記卷一・五帝本紀第一）

咨四岳。洪水方割。（宋・蔡襄・策問其二）

四岳。湯湯洪水。有能俾乂。（唐・賈公彥・對往代為刑是非策）

堯曰其七

僉曰。於。鯀哉。帝曰。

吁。咈哉。方命圮族。（尚書・虞書・堯典　宋・司馬光・策問五道・第二道　宋・蔡襄・策問其二　宋・范純仁・尚書解・堯典　宋・范祖禹・論回河狀）

附錄堯曰。鯀負命毀族。不可。（史記卷一・五帝本紀第一　吳越春秋卷四）

堯曰。鯀為人負命毀族。不可。（史記卷二・夏本紀第二）

堯曰。鯀為人命毀族。心有缺傷。恐不可用。（太上靈寶五符序卷上）

堯曰。不可。鯀方命圮族。（宋・蘇軾・省試刑賞忠厚之至論）

堯曰其八

岳曰。異哉。試可乃已。帝曰。

往。欽哉。（尚書・虞書・堯典　冊府元龜卷一四八・帝王部・知臣　宋・蔡襄・策問其二　宋・范純仁・尚書解・堯典）

堯曰其九

九載績用弗成。帝曰。

咨。四岳。朕在位七十載。汝能庸命。巽朕位。（尚書・虞書・堯典　冊府元龜卷二十七・帝王部・孝德）

異文汝能庸命。踐朕位。（史記卷一・五帝本紀第一）

堯曰其十

岳曰。否德忝帝位。曰。明明揚側陋。尚書・虞書・堯典 冊府元龜卷二七・帝王部・孝德

堯曰其十一

師錫帝曰。有鰥在下。曰虞舜。帝曰。俞。予聞。如何。尚書・虞書・堯典 冊府元龜卷二七・帝王部・孝德

堯曰其十二

岳曰。瞽子。父頑。母嚚。象傲。克諧以孝。烝烝乂。不格姦。帝曰。我其試哉。女于時。觀厥刑于二女。尚書・虞書・堯典 論衡卷二十八・正説篇 冊府元龜卷二七・帝王部・孝德 通志卷二・五帝紀第二

堯曰其十三

釐降二女于媯汭。嬪于虞。帝曰。欽哉。尚書・虞書・堯典 冊府元龜卷二七・帝王部・孝德

堯曰其十四

帝曰。

格汝舜。詢事考言。乃言厎可績。三載。汝陟帝位。尚書・虞書・舜典　文獻通考卷八十九・郊社考

堯曰其十五

堯曰。

誰可順此事。史記卷一・五帝本紀第一

堯曰其十六

放齊曰。嗣子丹朱開明。堯曰。

吁。頑凶。不用。史記卷一・五帝本紀第一

堯曰其十七

堯又曰。

誰可者。史記卷一・五帝本紀第一

堯曰其十八

讙兜曰。共工旁聚布功。可用。堯曰。共工善言。其用僻。似恭漫天。不可。史記卷一·五帝本紀第一

堯曰其十九

堯用治水。受命九載。功不成。帝怒曰。朕知不能也。吴越春秋卷四

堯曰其二十

嶽應曰。鄙德忝帝位。堯曰。悉舉貴戚及疏遠隱匿者。史記卷一·五帝本紀第一

堯曰其二十一

衆皆於堯曰。有矜在民間。曰。虞舜。堯曰。然。朕聞之。其何如。史記卷一·五帝本紀第一

堯曰其二十二

嶽曰。盲者子。父頑。母嚚。弟傲。能和以孝。烝烝治。不至姦。堯曰。吾其試哉。（史記卷一・五帝本紀第一）

堯曰其二十三

於是乃權授舜。授舜。則天下得其利而丹朱病。授丹朱。則天下病而丹朱得其利。堯曰。終不以天下之病而利一人。（史記卷一・五帝本紀第一　後漢書卷五十一・列傳四十一注　長短經卷七・權議　冊府元龜卷一四八・帝王部・知子　通志卷二・五帝紀第二）

堯曰其二十四

堯曰。咨。爾舜。天之厤數在爾躬。允執其中。四海困窮。天祿永終。（論語・堯曰第二十　後漢・班彪・王命論）

異文　格爾舜。天之歷數在爾躬。允執厥中。（潛夫論卷八・五德志第三十四）

天之歷數在爾躬。（春秋繁露卷十四　說苑卷十八・辨物　漢書卷一百上・敘傳第七十上　初學記卷九・帝王部・總敘帝王　藝文類聚卷十・符命部・符命　太平御覽卷八一・皇王部六・帝舜有虞氏　冊府元龜卷八二九・總錄部・論議）

天之曆數在爾躬。（漢書卷二十一・律曆志第一上　宋書卷二十七・志第十七　資治通鑑卷四十一・漢紀三十三　太平御覽卷八七・皇王部十二・敘皇王下　永樂大典卷四八九）

堯曰其二十五

放勳曰。

勞之來之。匡之直之。輔之翼之。使自得之。又從而振德之。（孟子·滕文公上）

異文勞之來之。輔之翼之。又從而振德之。（宋·李廌·師友談記）

堯曰其二十六

哀公問於孔子曰。吾聞夔一足。信乎。曰。夔。人也。何故一足。彼其無他異。而獨通於聲。

堯曰。

夔一而足矣。使為樂正。（韓非子·外儲說）

附錄昔者。舜欲以樂傳教於天下。乃令重黎舉夔於草莽之中而進之。舜以為樂正。夔於是正六律。和五聲。以通八風。而天下大服。重黎又欲益求人。舜曰。夫樂。天地之精也。得失之節也。故唯聖人為能和。樂之本也。夔能和之。以平天下。若夔者。一而足矣。（呂氏春秋·察傳）

堯曰其二十七

堯問於舜曰。

人情何如。（荀子·性惡篇　宋·徐積·荀子辯）

堯曰其二十八

堯問於舜曰。

我欲致天下。為之奈何。荀子・堯問篇

堯曰其二十九

堯讓天下於許由。曰。

日月出矣。而爝火不息。其於光也。不亦難乎。時雨降矣。而猶浸灌。其於澤也。不亦勞乎。夫子立而天下治。而我猶尸之。吾自視缺然。請致天下。莊子・逍遙遊第一

堯曰其三十

故昔者堯問於舜曰。

我欲伐宗膾胥敖。南面而不釋然。其故何也。莊子・齊物論第二

堯曰其三十一

意而子見許由。許由曰。堯何以資汝。意而子曰。堯謂我。

汝必躬服仁義。而明言是。莊子・大宗師第六

堯曰其三十二

堯之師曰。許由。許由之師曰。齧缺。齧缺之師曰。王倪。王倪之師曰。被衣。堯問於許由曰。齧缺可以配天乎。吾藉王倪以要之。（莊子・天地第十二）

堯曰其三十三

堯觀乎華。華封人曰。嘻。聖人。請祝聖人。使聖人壽。堯曰。辭。（莊子・天地第十二　吹萬禪師語錄卷十五・壽徹菴耆舊九十文）

堯曰其三十四

使聖人富。堯曰。辭。（莊子・天地第十二）

堯曰其三十五

使聖人多男子。堯曰。辭。（莊子・天地第十二）

堯曰其三十六

封人曰。壽富多男子。人之所欲也。女獨不欲。何邪。堯曰。多男子則多懼。富則多事。壽則多辱。是三者。非所以養德也。故辭。（莊子・天地第十二）

異文多男子則多懼。多富則多事。多壽則多辱。（太平御覽卷八〇・皇王部五・帝堯陶唐氏）

堯曰其三十七

封人曰。始也。我以女為聖人邪。今然君子也。天生萬民。必授之職。多男子而授之職。則何懼之有。富而使人分之。則何事之有。夫聖人鶉居而彀食。鳥行而无彰。天下有道。則與物皆昌。天下无道。則脩德就閒。千歲厭世。去而上僊。乘彼白雲。至於帝鄉。三患莫至。身常无殃。則何辱之有。封人去之。堯隨之曰。請問。（莊子・天地第十二）

堯曰其三十八

昔者舜問於堯曰。天王之用心何如。堯曰。吾不敖无告。不廢窮民。苦死者。嘉孺子。而哀婦人。此吾所以用心已。（莊子・天道第十三）

堯曰其三十九

舜曰。美則美矣。而未大也。堯曰。

然則何如。（莊子・天道第十三）

堯曰其四十

舜曰。天德而出寧。日月照而四時行。若晝夜之有經。雲行而雨施矣。堯曰。

膠膠擾擾乎。子天之合也。我人之合也。（莊子・天地第十二 南華真經卷三・天道第十三）

堯曰其四十一

堯治天下五十年。不知天下治歟。不治歟。不知億兆之願戴已歟。不願戴已歟。顧問左右。左右不知。問外朝。外朝不知。問在野。在野不知。堯乃微服游於康衢。聞兒童謠曰。立我蒸民。莫匪爾極。不識不知。順帝之則。堯喜問曰。

誰教爾為此言。（列子・仲尼第四）

堯曰其四十二

昔者。堯朝許由於沛澤之中。曰。

十日出。而焦火不息。不亦勞乎。夫子為天子。而天下已定矣。請屬天下於夫子。呂氏春秋卷二十二・求人

堯曰其四十三

堯問於舜曰。何事。

堯曰其四十四

舜曰。事天。問。何任。

堯曰其四十五

曰。任地。問。何務。以上尸子卷上・仁意 太平御覽卷八一・皇王部六・帝舜有虞氏

堯曰其四十六

路史後紀十一。陶唐氏云。

三適之賞。漢・伏勝・尚書大傳卷一・皋繇謨

堯曰其四十七

昔者。舜臣堯。官才任士。堯一從之。左右曰。人君用士。當自任耳目。而取信於人。無乃不可乎。堯曰。

吾之舉舜。已耳目之矣。今舜所舉人。吾又耳目之。是則耳目人終。無已已也。君苟付可付。則已不勞。而賢才不失矣。孔叢子卷上

異文今舜所舉。吾又耳目之。君苟付可付者。則已不勞。太平御覽卷六二一・治道部二・臣

堯曰其四十八

堯曰。

俞。以固冀於此。乃號禹曰。伯禹。官曰。司空。賜姓姒氏。領統州伯。以巡十二部。吳越春秋卷四

堯曰其四十九

許由謂堯曰。坐于華殿之上。面雙闕之下。君之榮願。亦已足矣夫。堯曰。

余坐于華殿之上。森然而松生于棟。余立于櫺扉之內。霏焉而雲生于牖。雖面雙闕。無異乎崔嵬之冠

蓬萊。雖背墉郭。無異乎迴巒之縈崑崙。余安知其所以縈。（苻子）

異文 余坐華殿之上。森然而松生於棟。余立檽扉之內。霏焉而雲生於牖。雖面雙闕。無異乎崔巍之冠蓬萊。雖背墉槨。無異乎迴巒之縈崑崙。余安知其所以安。（藝文類聚卷一一·帝堯陶唐氏）坐于華殿之上。森然而松生于棟。余立於檽扇之內。雖背墉埻。無異乎迴巒之縈崑崙。余安知其所以不縈。（太平御覽卷八〇·皇王部五·帝堯陶唐氏）

堯曰其五十

神農氏。夫負妻戴。以治天下。堯曰。朕之比神農。猶旦與昏也。（尸子卷下注）

異文 朕之比神農。猶旦之與昏也。（太平御覽卷七八·皇王部三·炎帝神農氏）

堯曰其五十一

唐帝克有苗。問人曰。云云。人曰。非妖也。有苗誅諫者。尊無功。退有能。遇人如仇。故亡耳。吾聞有苗時。天雨血沾衣。有此妖乎。（開元占經卷三）

堯曰其五十二

尚書中候曰。伯禹在庶。四嶽師舉薦之帝堯。握括命。不試爵。授司空。伯禹稽首讓于益歸。帝曰。何斯若真。出爾命圖乃示天。（太平御覽卷八二·皇王部七·夏帝禹）

堯曰其五十三

問。昔者。禹治洪水。奠山川。而堯稱之曰。萬世之功也。（宋·歐陽脩·南省試進士策問）

堯曰其五十四

當堯之時。皋陶為士。將殺人。皋陶曰。殺之。三。堯曰。宥之。（宋·蘇軾·省試刑賞忠厚之至論）

帝舜集

帝舜小傳

舜，姚姓，名重華，字都君。顓頊之後。生於姚墟，一曰生於諸馮。堯徵為司徒，尋攝政受禪。號「有虞氏」。以土德王，都蒲阪。南巡，崩於蒼梧之野，一曰卒於鳴條，謚曰「舜」。作《大韶》之樂，或曰《九韶》《簫韶》之樂。據《中華史表》，帝舜於公元前二二一三年至公元前二一八四年在位，共三十年，一說在位三十九年，一說在位五十年。年百歲而崩，一說年百十歲而崩。

帝舜集目錄

帝舜集卷一 舊存

九共

予辯下土。使民平平。使民無敿。尚書大傳

政語

帝舜曰。吾盡吾敬。而以事吾上。故見為忠焉。吾盡吾敬。以接吾敵。故見為信焉。吾盡吾敬。以使吾下。故見為仁焉。

異文而以事吾上。故見謂忠焉。以接吾敵。故見謂信焉。以使吾下。故見謂仁焉。以上賈誼新書·修政語上

祠田

荷此長耜。耕彼南畝。四海俱有。文心雕龍·祝盟篇引舜之祠田

異文荷此耒耜。耕彼南畝。尸子卷下注

帝舜集卷二 新輯

思親操歌

舜耕歷山。思慕父母。見鳩與母。俱飛鳴。相哺食。益以感思。乃作歌曰。

陟彼歷山兮崔嵬。有鳥翔兮高飛。瞻彼鳩兮徘徊。河水洋洋兮青泠。深谷鳥鳴兮嚶嚶。設置張罥兮。思我父母力耕。日與月兮往如馳。父母遠兮。吾將安歸。後漢·蔡邕·琴操卷下·河間雜歌

卿雲歌其一

舜為賓客而禹為主人。樂正進贊曰。尚考太室之義。唐為虞賓。至今衍於四海。成禹之變。垂於萬世之後。於時卿雲聚。俊乂集。百工相和。而歌卿雲。帝乃倡之曰。

卿雲爛兮。糺縵縵兮。日月光華。旦復旦兮。尚書大傳卷一·虞夏傳 北堂書鈔卷一〇六·樂部二·歌篇二 太平御覽卷八·天部八·雲

異文 卿雲爛兮。禮漫漫兮。後漢書卷五十二·列傳第四十二注·

卿雲爛兮。體漫漫兮。文選卷十二·別賦注

慶雲爛兮。禮縵縵兮。日月光華。旦或旦兮。宋書卷二十七·志第十七 藝文類聚卷四十三·樂部三·歌 藝文類聚卷一·天部上·雲 太平御覽卷五七一·樂部九·歌二

卿雲爛兮。禮縵縵兮。日月光華。旦咸旦兮。太平御覽卷五七一·樂部九·歌二

卿雲歌其二

羣臣咸進。稽首曰。明明上天。爛然星陳。日月光華。弘予一人。帝乃再歌曰。

日月有常。星辰有行。四時從經。萬姓允誠。於予論樂。配天之靈。遷于聖賢。莫不咸聽。鼚乎鼓之。軒乎舞之。精華以竭。褰裳去之。宋書卷二十七・志第十七 藝文類聚卷四十三・樂部三・歌

異文施子論樂。配天之靈。遷于賢聖。莫不咸聽。長乎歌之。軒乎儛之。精華已竭。太平御覽卷五七一・樂部九・歌二

南風歌

昔者。舜彈五絃之琴。造南風之詩。其詩曰。

南風之薰兮。可以解吾民之慍兮。南風之時兮。可以阜吾民之財兮。尸子・綽子 孔子家語・辯樂解 史記卷二十四・八書第二注 文選卷六・魏都賦注 北堂書鈔卷一〇六・樂部二・歌篇二 北堂書鈔卷一〇九・樂部九・琴十 初學記卷一・天部上・風第六 太平御覽卷五九二・文部八・御製下

異文南風之薰兮。可以解吾人之慍兮。南風之時兮。可以阜吾人之財兮。後漢書卷四十九・列傳第三十九注

南風之時兮。可阜吾民之財兮。藝文類聚卷四十三・樂部三・歌

南風之時兮。可以阜吾民之財兮。南風之薰兮。可以解吾民之慍兮。帝王世紀卷二 文獻通考卷一四一・樂考

南風之時兮。可以阜吾人之財兮。南風之薰兮。可以解吾人之慍兮。文選卷十八・琴賦注 太平御覽卷九・天部九・風

毛詩曰。南風之薰兮。可以解吾民之慍兮。文選卷十五・歸田賦注

舜歌其一

夔曰。戛擊鳴球。搏拊琴瑟以詠。祖考來格。虞賓在位。羣后德讓。下管鼗鼓。合止柷敔。笙鏞以間。鳥獸蹌蹌。簫韶九成。鳳皇來儀。**夔曰**。於予擊石拊石。百獸率舞。庶尹允諧。帝庸作歌**曰**。

勑天之命。惟時惟幾。尚書·虞書·益稷　冊府元龜卷三七·帝王部·頌德　冊府元龜卷四〇·帝王部·文學　太平御覽卷五七〇·樂部八·歌一　文獻通考卷一四一·樂考

異文帝用此作歌曰。陟天之命。維時維幾。史記卷二·夏本紀第二

舜歌其二

乃歌曰。

股肱喜哉。元首起哉。百工熙哉。尚書·虞書·益稷　冊府元龜卷三七·帝王部·頌德　冊府元龜卷四〇·帝王部·文學　太平御覽卷五七〇·樂部八·歌一　宋·范純仁·論富弼入相久謝病不出　文獻通考卷一四一·樂考

異文元首起哉。百工喜哉。史記卷二·夏本紀第二

舜歌其三

虞舜作歌**曰**。

元首明哉。股肱良哉。庶事康哉。藝文類聚卷四三·樂部三·歌　太平御覽卷五七〇·樂部八·歌一

附錄臯陶拜手稽首。颺言曰。念哉。率作興事。慎乃憲。欽哉。屢省乃成。欽哉。乃賡載歌曰。元

首明哉。股肱良哉。庶事康哉。（尚書・虞書・益稷）

臯陶拜手稽首。揚言曰。念哉。率為興事。慎乃憲。敬哉。乃更為歌曰。元首明哉。股肱良哉。庶事康哉。（史記卷二・夏本紀第二）

舜歌其四

臯陶拜手稽首。揚言曰。念哉。率為興事。慎乃憲。敬哉。乃更為歌曰。元首明哉。股肱良哉。庶事康哉。舜又歌曰。元首叢脞哉。股肱惰哉。萬事墮哉。（史記卷二・夏本紀第二）

異文 股肱惰哉。萬事隳哉。（太平御覽卷五七〇・樂部八・歌一）

附錄 臯陶拜手稽首。颺言曰。念哉。率作興事。慎乃憲。欽哉。屢省乃成。欽哉。乃賡載歌曰。元首明哉。股肱良哉。庶事康哉。又歌曰。元首叢脞哉。股肱惰哉。萬事墮哉。（尚書・虞書・益稷）

歌附語

帝拜曰。俞。往欽哉。（尚書・虞書・益稷）

異文 然。往欽哉。（史記卷二・夏本紀第二）

詩

舜自為詩曰。

普天之下。莫非王土。率土之濱。莫非王臣。（呂氏春秋卷十四・長攻）

異文 溥天之下。莫非王土。（詩經・小雅・北山）

五刑之法

象以典刑。流宥五刑。鞭作官刑。扑作教刑。金作贖刑。眚災肆赦。怙終賊刑。欽哉欽哉。惟刑之恤哉。（尚書・虞書・舜典　冊府元龜卷一五一・帝王部・慎罰夫　冊府元龜卷六〇九・刑法部・定律令　通典卷第一六三・刑法一　通志卷六十・刑法略第一　文獻通考卷一七一上・刑考）

異文 故唐堯著典曰。流宥五刑。眚災肆赦。（後漢・陳寵・答潁川杜安書　晉書三十・志第二十　冊府元龜卷六一四・刑法部・議讞）

鞭作官刑。朴作教刑。（通典卷第一六六・刑法四　通典卷第一六八・刑法六　太平御覽卷六三五・刑法部一・敘刑上　鐔津文集卷第五）

舜曰其一

流共工于幽洲。放驩兜于崇山。竄三苗于三危。殛鯀于羽山。四罪而天下咸服。二十有八載。

帝乃殂落。百姓如喪考妣。三載。四海遏密八音。月正元日。舜格于文祖。詢于四岳。闢四門。

明四目。達四聰。咨十有二牧。曰。

食哉惟時。柔遠能邇。惇德允元。而難任人。蠻夷率服。（尚書・虞書・舜典　太平御覽卷三六六・人事部七・目　宋・范祖禹・再論常平劄子）

異文其難任人。蠻夷率服。宋・李清臣・唐太宗論

舜曰其二

舜曰。

咨四岳。有能奮庸熙帝之載。使宅百揆。亮采惠疇。尚書・虞書・舜典　初學記卷二十・政理部・薦舉第四　文選卷三十五・七命八首注　通典卷一七二・州郡二　冊府元龜卷六九・帝王部・審官　冊府元龜卷七一・帝王部・命相　冊府元龜卷三三〇・宰輔部・退讓　太平御覽卷二〇三・職官部一・總敘官　太平御覽卷二〇八・職官部六・司空　太平御覽卷四二三・人事部六四・讓上　宋・文彥博・又進尚書二典義劄子

異文有能奮庸美堯之事者。使居官相事。史記卷一・五帝本紀第一

有能成美堯之事者。使居官。史記卷二・夏本紀第二　太平御覽卷八二・皇王部七・夏帝禹

有能美成堯之事者。使居官。太上靈寶五符序卷上

尚書。帝堯曰。疇咨若時登庸。又曰。有能奮庸熙帝之載。後漢書卷八十・列傳第七十下注

舜曰其三

僉曰。伯禹作司空。帝曰。

俞。咨禹。汝平水土。惟時懋哉。尚書・虞書・舜典　藝文類聚卷二十一・人部五・讓　北堂書鈔卷五二・設官部四・司空九　冊府元龜卷六九・帝王部・審官　冊府元龜卷七一・帝王部・命相　冊府元龜卷三三〇・宰輔部・退讓　太平御覽卷二〇三・職官部一・總敘官　宋・文彥博・又進尚書二典義劄子　通典卷一七二・州郡二

異文嗟。然。禹。汝平水土。維是勉哉。史記卷一・五帝本紀第一

嗟。然。命禹。女平水土。維是勉之。史記卷二·夏本紀第二

嗟。然。禹。卒平水土。太上靈寶五符序卷上

嗟。禹。汝平水土。通志卷三上·三王紀第三上

汝平水土。維是勉之。太平御覽卷八二·皇王部七·夏帝禹

汝作司空。平水土。宋·鄭獬·論責任有司劄子

舜曰其四

禹拜稽首。讓于稷契暨臯陶。帝曰。

俞。汝往哉。尚書·虞書·舜典　冊府元龜卷六九·帝王部·審官　冊府元龜卷七一·帝王部·命相　冊府元龜卷三三〇·宰輔部·退讓

異文然。往矣。史記卷一·五帝本紀第一

舜曰。女其往。視爾事矣。史記卷二·夏本紀第二　太平御覽卷八二·皇王部七·夏帝禹

舜曰其五

帝曰。

棄。黎民阻飢。汝后稷。播時百穀。尚書·虞書·舜典　冊府元龜卷六九·帝王部·審官　冊府元龜卷七一·帝王部·命相　通志卷三下·三王紀第三下　冊府元龜卷七〇·帝王部·務農　宋·文彥博·又進尚書二典義劄子　永樂大典卷二〇四二五

異文棄。黎民始飢。（史記卷一・五帝本紀第一　史記卷四・周本紀第四　冊府元龜卷一・帝王部・帝系）

棄。黎民阻饑。汝播時百穀。（宋・鄭獬・用古論）

舜曰其六

帝曰。

契。百姓不親。五品不遜。汝作司徒。敬敷五教在寬。（尚書・虞書・舜典　後漢書卷六十二・列傳第五十二注　冊府元龜卷六九・帝王部・審官　冊府元龜卷七一・帝王部・命相　太平御覽卷二〇七・職官部五・太尉　太平御覽卷五九三・文部九・教　宋・文彦博・又進尚書二典義劄子）

異文五品不馴。汝為司徒。而敬敷五教在寬。（史記卷一・五帝本紀第一）

汝為司徒。而敬敷五教在寬。（太平御覽卷八三・皇王部八・殷帝成湯）

契為司徒。敬敷五教。（通典卷一九・職官一）

契為司徒。敷五教。（宋・鄭獬・論責任有司劄子）

敬敷五教。五教在寬。（通志卷三上・三王紀第三上）

舜曰其七

帝曰。

皋陶。蠻夷猾夏。寇賊姦宄。汝作士。五刑有服。五服三就。五流有宅。五宅三居。惟明克允。（尚書・虞書・

舜典　晉書卷三十・志第二十　通典卷一六三・刑法一　冊府元龜卷六九・帝王部・審官　冊府元龜卷七一・帝王部・命相　太平御覽卷六三五・刑法部一・敘刑上　太平御覽卷七八五・四夷部六・南蠻一　宋・文彥博・又進尚書二典義劄子　宋・鄭獬・用古論　文獻通考卷一六二・刑考

異文咎繇。蠻夷猾夏。寇賊姦宄。　文選卷四十一・為曹洪與魏文帝書注

蠻夷猾夏。寇賊姦軌。　史記卷一・五帝本紀第一

蠻夷滑夏。寇賊姦宄。女作士。　潛夫論・志氏姓第三十五

寇賊姦宄。汝作士師。　宋・鄭獬・武備論

五服三就。五流有度。五度三居。維明能信。　史記卷一・五帝本紀第一

附錄舜命皋繇曰。汝作士。惟刑之恤。　三國魏・杜恕・體論・法第六　唐・魏徵・理獄聽諫疏

舜曰其八

帝曰。

疇若予工。　尚書・虞書・舜典　冊府元龜卷六九・帝王部・審官　冊府元龜卷三三〇・宰輔部・退讓　冊府元龜卷四五七・台省部・選任　宋・文彥博・又進尚書二典義劄子

異文舜曰。誰能馴予工。　史記卷一・五帝本紀第一

舜曰其九

僉曰。垂哉。帝曰。

俞。咨垂。汝共工。　尚書・虞書・舜典　冊府元龜卷六九・帝王部・審官　冊府元龜卷三三〇・宰輔部・退讓　冊府元龜卷四五七・台省部・選任

異文俞。咨垂。汝作共工。冊府元龜卷七一・帝王部・命相　太平御覽卷五四二・禮儀部二一・拜　宋・文彦博・又進尚書二典義劄子
俞。咨垂。爾作共工。

舜曰其十

垂拜稽首。讓于殳斨暨伯與。帝曰。
俞。往哉。汝諧。尚書・虞書・舜典　冊府元龜卷六九・帝王部・審官　冊府元龜卷三三〇・宰輔部・退讓　冊府元龜卷四五七・台省部・選任

舜曰其十一

帝曰。
疇若予上下草木鳥獸。尚書・虞書・舜典　冊府元龜卷六九・帝王部・審官　冊府元龜卷四五七・台省部・選任　太平御覽卷五四二・禮儀部二一・拜　冊府元龜卷三三〇・宰輔部・退讓　宋・文彦博・又進尚書二典義劄子

異文誰能馴予上下草木鳥獸。史記卷一・五帝本紀第一
咨四岳。疇若予上下草木禽獸。冊府元龜卷七一・帝王部・命相

舜曰其十二

僉曰。益哉。帝曰。
俞。咨益。汝作朕虞。尚書・虞書・舜典　文選卷八・羽獵賦并序注　文選卷十三・鸚鵡賦并序注　冊府元龜卷六九・帝王部・審官　冊府元龜卷七一・帝王部・命相　冊府元龜卷三三〇・宰輔部・退讓　冊府元龜卷四五七・台省部・選任

舜曰其十三

益拜稽首。讓于朱虎熊羆。帝曰。俞。往哉。汝諧。尚書·虞書·舜典　冊府元龜卷六九·帝王部·審官　冊府元龜卷四五七·台省部·選任　冊府元龜卷七一·帝王部·命相　冊府元龜卷三三〇·宰輔部·退讓

異文往矣。汝諧。史記卷一·五帝本紀第一

舜曰其十四

帝曰。咨四岳。有能典朕三禮。尚書·虞書·舜典　北堂書鈔卷八〇·禮儀部一·禮摠篇一　冊府元龜卷六九·帝王部·審官　冊府元龜卷七一·帝王部·命相　冊府元龜卷三三〇·宰輔部·退讓　太平御覽卷二一八·職官部一六·禮部尚書　宋·鄭獬·用古論

異文嗟四嶽。有能典朕三禮。史記卷一·五帝本紀第一

咨四嶽。有能典朕三禮。太平御覽卷五二二·禮儀部一·敘禮上

舜曰其十五

僉曰。伯夷。帝曰。俞。咨伯。汝作秩宗。夙夜惟寅。直哉惟清。尚書·虞書·舜典　北堂書鈔卷五三·設官部五·太常十七　冊府元龜卷三三〇·宰輔部·退讓　太平御覽卷五四二·禮儀部二一·拜

異文嗟。伯夷。以汝為秩宗。夙夜維敬。直哉維靜絜。史記卷一·五帝本紀第一

俞。伯夷。汝作秩宗。冊府元龜卷六九·帝王部·審官　冊府元龜卷七一·帝王部·命相

伯夷。汝作秩宗。典朕三禮。太平御覽卷二二八・職官部二六・太常卿

舜曰其十六

伯拜稽首。讓于夔龍。帝曰。

俞。往欽哉。尚書・虞書・舜典　冊府元龜卷六九・帝王部・審官　冊府元龜卷七一・帝王部・命相　冊府元龜卷三三〇・宰輔部・退讓

舜曰其十七

帝曰。

夔。命汝典樂。教胄子。直而溫。寬而栗。剛而無虐。簡而無傲。詩言志。歌永言。聲依永。律和聲。八音克諧。無相奪倫。神人以和。尚書・虞書・舜典　北堂書鈔卷一〇五・樂部一・樂揔一　北堂書鈔卷一一二・樂部八・律二九　通典卷一四一・樂一　文心雕龍卷二・明詩第六　冊府元龜卷六九・帝王部・審官　冊府元龜卷七一・帝王部・命相　宋・文彥博・又進尚書二典義劄子　文獻通考卷一二八・樂考　文獻通考卷一四一・樂考

異文然。以夔為典樂。教穉子。

詩言意。歌長言。以上史記卷一・五帝本紀第一

詩言志。歌詠言。論衡卷十二・謝短篇

八音能諧。無相奪倫。史記卷一・五帝本紀第一

舜曰其十八

夔曰。於予擊石拊石。百獸率舞。帝曰。

龍。朕堲讒說殄行。震驚朕師。命汝作納言。夙夜出。納朕命。惟允。尚書·虞書·舜典　冊府元龜卷六九·帝王部·審官　冊府元龜卷七一·帝王部·命相　冊府元龜卷四五七·台省部·選任　宋·曾鞏·洪範傳

異文龍。朕畏忌讒說殄偽。振驚朕眾。命汝為納言。夙夜出。入朕命。惟信。史記卷一·五帝本紀第一

震驚朕師。汝作納言。出納朕命。惟允。宋·文彥博·又進尚書二典義劄子

舜曰其十九

帝曰。

咨汝。二十有二人。欽哉。惟時亮天功。尚書·虞書·舜典　宋·文彥博·又進尚書二典義劄子　文獻通考卷二六七·封建考

異文嗟。女二十有二人。敬哉。惟時相天事。史記卷一·五帝本紀第一

咨。二十有二人。漢書卷二十七·五行志第七下之下注

欽哉。惟時亮天工。冊府元龜卷六九·帝王部·審官　冊府元龜卷一五六·帝王部·誡勵第一　冊府元龜卷六三五·銓選部·考課

舜曰其二十

曰。若稽古大禹。曰。文命敷於四海。祗承于帝。曰。后克艱厥后。臣克艱厥臣。政乃乂。黎

民敏德。帝曰。

俞。允若茲。嘉言罔攸伏。野無遺賢。萬邦咸寧。稽于眾。舍己從人。不虐無告。不廢困窮。惟帝時克。尚書・虞書・大禹謨　唐・李昂・試制舉人詔　冊府元龜卷三一一・宰輔部・謀猷　宋・范純仁・尚書解・大禹謨　宋・范祖禹・論求言劄子

舜曰其二十一

帝曰。

俞。地平天成。六府三事允治。萬世永賴。時乃功。尚書・虞書・大禹謨　冊府元龜卷三一一・宰輔部・謀猷

舜曰其二十二

帝曰。

格汝禹。朕宅帝位。三十有三載。耄期倦于勤。汝惟不怠。揔朕師。尚書・虞書・大禹謨

舜曰其二十三

禹曰。朕德罔克。民不依。皋陶邁種德。德乃降。黎民懷之。帝念哉。念茲在茲。釋茲在茲。名言茲在茲。允出茲在茲。惟帝念功。帝曰。

皋陶。惟茲臣庶。罔或于予正。汝作士。明于五刑。以弼五教。期于予治。刑期于無刑。民協于中。

時乃功。懋哉。尚書・虞書・大禹謨　後漢書卷六十二・列傳第五十二注　太平御覽卷六三五・刑法部一・敘刑上　宋・曾鞏・刑部尚書制　文獻通考卷一六二・刑考

異文汝明于五刑。以弼五教。期於予理。刑期於無刑。人協于中。舊唐書卷一百・列傳第五十・唐・王志愔・應正論

舜曰其二十四

皋陶**曰**。帝德罔愆。臨下以簡。御眾以寬。罰弗及嗣。賞延于世。宥過無大。刑故無小。罪疑惟輕。功疑惟重。與其殺不辜。寧失不經。好生之德。洽于民心。茲用不犯于有司。帝曰。俾予從欲以治。四方風動。惟乃之休。尚書・虞書・大禹謨

異文舜曰。維予從欲而治。荀子・大略篇第二十七

舜曰其二十五

帝**曰**。來。禹。降水儆予。成允成功。惟汝賢。克勤于邦。克儉于家。不自滿假。惟汝賢。汝惟不矜。天下莫與汝爭能。汝惟不伐。天下莫與汝爭功。予懋乃德。嘉乃丕績。天之歷數在汝躬。汝終陟元后。人心惟危。道心惟微。惟精惟一。允執厥中。無稽之言勿聽。弗詢之謀勿庸。可愛非君。可畏非民。眾非元后何戴。后非眾罔與守邦。欽哉。慎乃有位。敬修其可願。四海困窮。天祿永終。惟口出好興戎。朕言不再。尚書・虞書・大禹謨　隋書卷六十六・列傳第三十一　唐・岑文本・大水上封事極言得失　冊府元龜卷四七三・台省部・奏議第四　宋・范祖禹・上太皇太后乞崇儉戒奢疏　定州漢墓竹簡〇〇五九八　法華文句記箋難卷一

異文 天之歷數在爾躬。文選卷二十・皇太子宴玄圃宣猷堂有令賦詩一首注

天之曆數在爾躬。鐔津文集卷第十五

可愛非君。可畏非人。舊唐書卷七十・列傳第二十　冊府元龜卷五三一・諫諍部・規諫第八

舜曰其二十六

禹曰。枚卜功臣。惟吉之從。帝曰。禹。官占。惟先蔽志。昆命于元龜。朕志先定。詢謀僉同。鬼神其依。龜筮協從。卜不習吉。尚書・虞書・大禹謨　太平御覽卷七二五・方術部六・卜上　文獻通考卷八九・郊社考　太平御覽卷五四二・禮儀部二一・拜

舜曰其二十七

禹拜稽首固辭。帝曰。毋。惟汝諧。尚書・虞書・大禹謨　文獻通考卷八九・郊社考

舜曰其二十八

正月朔旦。受命于神宗。率百官若帝之初。帝曰。咨禹。惟時有苗弗率。汝徂征。尚書・虞書・大禹謨　冊府元龜卷一二一・帝王部・征討　太平御覽卷三〇七・兵部三八・誓眾　宋・范純仁・尚書解・大禹謨

異文有苗不共。汝往徂征。宋・鄭獬・用古論

舜曰其二十九

帝曰。來。禹。汝亦昌言。尚書・虞書・益稷　史記卷二・夏本紀第二　冊府元龜卷三一一・宰輔部・謀猷　太平御覽卷三九〇・人事部三一・言語

舜曰其三十

皋陶曰。俞。師汝昌言。禹曰。都。帝。慎乃在位。帝曰。俞。尚書・虞書・益稷　冊府元龜卷三一一・宰輔部・謀猷　宋・文彥博・進尚書孝經解劄子　宋・范純仁・尚書解・益稷　永樂大典卷二〇四二八

舜曰其三十一

禹曰。安汝止。惟幾惟康。其弼直。惟動丕應徯志。以昭受上帝。天其申命用休。帝曰。吁。臣哉鄰哉。鄰哉臣哉。尚書・虞書・益稷　冊府元龜卷一五六・帝王部・誡勵第一　冊府元龜卷三一一・宰輔部・謀猷　永樂大典卷二〇四二八

異文吁。臣哉。臣哉。史記卷二・夏本紀第二・

舜戒禹曰。鄰哉。鄰哉。三國志四・魏書・三少帝紀第四　冊府元龜卷五二六・諫諍部・規諫第三

舜曰其三十二

禹曰。俞。帝曰。

臣作朕股肱耳目。予欲左右有民。汝翼。予欲宣力四方。汝為。予欲觀古人之象。日月星辰。山龍華蟲。作會宗彝。藻火粉米。黼黻絺繡。以五采彰施于五色作服。汝明。予欲聞六律。五聲。八音。在治忽。以出納五言。汝聽。予違汝弼。汝無面從。退有後言。欽四鄰。庶頑讒說。若不在時。侯以明之。撻以記之。書用識哉。欲並生哉。工以納言。時而颺之。格則承之庸之。否則威之。尚書・虞書・益稷　漢書卷二十五・列傳第十五注　潛夫論卷二・明闇第六　文選卷六・魏都賦注　文選卷三十七・冊魏公九錫文注　文選卷三十七・謝平原內史表注　文心雕龍・書記第二十五　冊府元龜卷一五六・帝王部・誡勵　冊府元龜卷三一一・宰輔部・謀猷　太平御覽卷五九五・文部十一・書記　文獻通考卷六八・郊社考　緇門崇行錄　文獻通考卷一一一・王禮考　文獻通考卷一四一・樂考　永樂大典卷二〇四二八

附錄 臣作朕股肱耳目。予欲左右有民。女輔之。余欲觀古人之象。日月星辰。作文繡服色。女明之。予欲聞六律。五聲。八音。來始滑。以出入五言。女聽。予即辟。女匡拂予。女無面諛。退而謗予。敬四輔臣。諸眾讒嬖臣。君德誠施皆清矣。史記卷二・夏本紀第二

虞舜至聖。猶云。予違爾弼。佛法金湯編卷第三　歷朝釋氏資鑑卷第三　歷代編年釋氏通鑑卷之四

舜稱。子違爾弼。釋氏稽古略卷二

舜曰其三十三

禹曰。然。帝即不時。布同善惡則毋功。帝曰。

毋若丹朱傲。維慢游是好。毋水舟行。朋淫于家。用絕其世。予不能順是。史記卷二・夏本紀第二　論衡卷十四・譴告篇　宋・尹洙・廣諫　冊府元龜卷二八七・宗室部・忠諫　通志卷七十八上・宗室傳第一上

附錄禹曰。俞哉。帝光天之下。至于海隅蒼生。萬邦黎獻。共惟帝臣。惟帝時舉。敷納以言。明庶以功。車服以庸。誰敢不讓。敢不敬應。帝不時。敷同日。奏罔功。無若丹朱傲。惟慢遊是好。傲虐是作。罔晝夜頟頟。罔水行舟。朋淫于家。用殄厥世。尚書・虞書・益稷

故禹之戒舜曰。無若丹朱傲。用殄厥世。文獻通考卷二六一・封建考

舜曰其三十四

禹曰。俞哉。帝光天之下。至于海隅蒼生。萬邦黎獻。共惟帝臣。惟帝時舉。敷納以言。明庶以功。車服以庸。誰敢不讓。敢不敬應。帝不時。敷同日。奏罔功。無若丹朱傲。惟慢遊是好。傲虐是作。罔晝夜頟頟。罔水行舟。朋淫于家。用殄厥世。予創若時。娶于塗山。辛壬癸甲。啟呱呱而泣。予弗子。惟荒度土功。弼成五服。至于五千。州十有二師。外薄四海。咸建五長。各迪有功。苗頑弗即工。帝其念哉。帝曰。迪朕德時。乃功惟敘。尚書・虞書・益稷　冊府元龜卷三一一・宰輔部・謀猷

異文帝曰。道吾德。乃女功序之也。史記卷二・夏本紀第二

舜曰其三十五

堯崩。三年之喪畢。舜讓辟丹朱於南河之南。諸侯朝覲者。不之丹朱而之舜。獄訟者。不之丹朱而之舜。謳歌者。不謳歌丹朱而謳歌舜。舜曰。天也。史記卷一・五帝本紀第一　文選卷二十四・荅賈長淵一首注　文選卷三十七・勸進表注　通志卷二・五帝紀第二　太平御覽卷八一・皇王部六・帝舜有虞氏

舜曰其三十六

瞽叟。象喜。以舜為已死。象曰。本謀者象。象與其父母分。於是曰。舜妻堯二女。與琴。象取之。牛羊倉廩予父母。象乃止。舜宮居。鼓其琴。舜往見之。象鄂不懌。曰。我思舜正鬱陶。舜曰。然。爾其庶矣。史記卷一・五帝本紀第一　冊府元龜卷二七・帝王部・孝德

異文然。爾其庶哉。通志卷二・五帝紀第二

舜曰其三十七

父母使舜完廩。捐階。瞽瞍焚廩。使浚井。出。從而揜之。象曰。謨蓋。都君咸我績。牛羊父母。倉廩父母。干戈朕。琴朕。弤朕。二嫂使治。朕棲。象往入舜宮。舜在床琴。象曰。鬱陶思君爾。忸怩。舜曰。

唯茲臣庶。汝其于予治。（孟子・萬章上　冊府元龜卷四七・帝王部・友愛　宋・邵博・邵氏聞見後錄卷十二）

附錄舜來歷山。俄經十載。便將米往本州。至市之次。見後母負薪。詣市易米。值舜糶於市。舜識之。便糶與之。舜得母錢。佯忘安著米囊中而去。如是非一。瞽叟怪之。語後妻曰。非吾舜子乎。妻曰。百丈井底埋確。大石擂之。以土填確。豈有活理。瞽叟曰。卿試牽我至市。妻牽叟詣市。還見糶米少年。叟謂曰。君是何賢人。數見饒益。舜曰。見翁年老。故以相饒。叟耳識其聲音曰。此正似吾舜子聲乎。舜曰。是也。便即前抱父頭。失聲大哭。舜子拭其父淚。與舌舐之。兩目即明。母亦聰慧。弟復能言。市人見之。無不悲歎。（全唐文新編卷九〇二・舜子至孝變文）

舜曰其三十八

當舜之時。有苗不服。禹將伐之。舜曰。不可。上德不厚而行武。非道也。（韓非子・五蠹第四十九）

異文我德不厚而行武。非道也。吾前教由未也。（帝王世紀卷二　太平御覽卷八一・皇王部六・帝舜有虞氏）

我德不厚而行武。非道也。（藝文類聚卷一一・帝王部一・帝舜有虞氏）

吾德不厚而行武。可乎。（通志卷二・五帝紀第二）

舜曰其三十九

三苗不服。禹欲伐之。舜曰。

是吾德未喻也。（鹽鐵論卷九·論功第五十二）

附錄 三苗不服。禹請攻之。舜曰。以德可也。（呂氏春秋卷十九·高義）

舜不許。曰。諭教猶未竭也。究諭教焉。（說苑卷一·君道）

舜不許。曰。吾喻教猶未竭也。久喻教。（韓詩外傳）

舜曰其四十

帝錫玄圭。禹受曰。非予能成。亦大費為輔。帝舜曰。

咨爾費。贊禹功。其賜爾皁游。爾後嗣將大出。（史記卷五·秦本紀第五）

異文 其錫爾皁旒。爾後嗣將大出。（冊府元龜卷一八二·帝王部·氏號）

其錫爾皀游。爾後嗣將大出。（冊府元龜卷二三七·列國君部·嗣襲第二 太平御覽卷六三三·治道部十四·賞賜）

其賜爾皀游。爾後嗣將大出。（太平御覽卷八六·皇王部十一·秦）

舜賜以皁游曰。爾後必大。（通志卷四·秦紀第四）

舜曰其四十一

虞舜有言曰。自卑也。尚矣。史記卷六十八・商君鞅・列傳第八卷　冊府元龜卷七九六・總錄部・先見第二　冊府元龜卷八三一・總錄部・規諷　通志卷九十三・列傳第六

舜曰其四十二

堯問於舜曰。人情何如。舜對曰。人情甚不美。又何問焉。妻子具而孝衰於親。嗜欲得而信衰於友。爵祿盈而忠衰於君。人之情乎。人之情乎。甚不美。又何問焉。荀子・性惡篇第二十三　宋・徐積・荀子辯

舜曰其四十三

堯問於舜曰。我欲致天下。為之柰何。對曰。執一無失。行微無怠。忠信無勌而天下自來。執一如天地。行微如日月。忠誠盛於內。賁於外。形於四海。天下其在一隅邪。夫有何足致也。荀子・堯問篇第三十二

舜曰其四十四

故昔者。堯問於舜曰。我欲伐宗。膾。胥敖。南面而不釋然。其故何也。舜曰。

夫三子者。猶存乎蓬艾之間。若不釋然。何哉。昔者。十日並出。萬物皆照。而況德之進乎。日者乎。莊子・齊物論第二 文選卷二十二・從游京口北固應詔一首注

舜曰其四十五

昔者。舜問於堯曰。天王之用心何如。

舜曰其四十六

堯曰。吾不敖无告。不廢窮民。苦死者。嘉孺子。而哀婦人。此吾所以用心也。舜曰。美則美矣。而未大也。

舜曰其四十七

堯曰。然則何如。舜曰。天德而出寧。日月照而四時行。若晝夜之有經。雲行而雨施矣。以上莊子・天道第十三

舜曰其四十八

舜之將死。真泠。禹曰。

汝戒之哉。形莫若緣。情莫若率。莊子・山木第二十

舜曰其四十九

舜問乎丞曰。

道可得而有乎。

舜曰其五十

曰。汝身非汝有也。汝何得有夫道。舜曰。

吾身非吾有也。孰有之哉。以上莊子・知北遊第二十二 列子・天瑞第一

舜曰其五十一

昔者。舜欲以樂傳教於天下。乃令重黎舉夔於草莽之中而進之。舜以為樂正。夔於是正六律。和五聲。以通八風。而天下大服。重黎又欲益求人。舜曰。

夫樂。天地之精也。得失之節也。故唯聖人為能和。樂之本也。夔能和之。以平天下。若夔者。一而

足矣。（呂氏春秋・察傳第二　風俗通義・正失明・夏良勝・中庸衍義卷四）

異文舜曰。夫樂。天地之精也。唯聖人為能和六律。均五音。知樂之本。以通八風。夔能若此。一而足矣。（孔叢子卷上）

舜曰。一夔足矣。（通志卷二・五帝紀第二）

附錄哀公問於孔子曰。吾聞夔一足。信乎。曰。夔。人也。何故一足。彼其無他異。而獨通於聲。堯曰。夔一而足矣。使為樂正。（韓非子・外儲說）

舜曰其五十二

是時句踐失眾。棲於會稽之山。更用種蠡之策。得以存。故虞舜曰。以學乃時而行。此猶良藥也。（越絕書卷七・越絕外傳記范伯）

舜曰其五十三

堯問於舜曰。何事。舜曰。事天。

舜曰其五十四

問。何任。曰。任地。

舜曰其五十五

問。何務。曰。務人。以上尸子卷上·仁意 太平御覽卷第八一·皇王部六·帝舜有虞氏

舜曰其五十六

舜云。從道必吉。反道必凶。如影如響。尸子卷下 太平御覽卷八一·皇王部六·帝舜有虞氏

舜曰其五十七

有虞氏紀云。語禮樂詳而不孛。語政治簡而易行。論道廣大而亡窮。尸子卷下注

舜曰其五十八

舜在位十有四年。奏鍾石笙筦未罷。而天大雷雨。疾風發屋拔木。桴鼓播地。鍾磬亂行。舞人頓伏。樂正狂走。舜乃擁璿持衡而笑曰。明哉。夫天下。非一人之天下也。亦乃見于鍾石笙筦乎。（宋書卷二十七·志第十七）

舜曰其五十九

舜曰。政如冰霜。姦軌消亡。（北堂書鈔卷二十七·政術部一·論政）

附錄 明刑審法。憐民惠下。生者不怨。死者不恨。諺曰。政如冰霜。姦宄消亡。威如雷霆。寇賊不生。（意林卷四·正部）

舜曰其六十

叟行山逐禽而逢虞人。虞人反以罟而獵叟。叟欺虞人以事鬼神而得逸。他日。叟之子壯。圍山而雠獵吾父者。曰。今日凡在山澤。殺無赦。虞人亡于大澤。虞之父教之以漁。漁利厚于罟。末之年富於澤上。反聞叟將殺其子于帝側。帝教之以漁天下。天下之利厚于陶稼。末之年富于九州。漁者常以此自笑。而聞于士師。士師以法執之。漁者對曰。始臣學漁。不學笑天下。而天下又臣笑。舜聞之。亦曰。

始朕學事叟。不學受天下禪。而天下禪朕。唐・劉蛻・古漁父四篇

舜曰其六十一

帝舜曰。

朕惟不乂。百獸鳳晨。藝文類聚卷九十九・祥瑞部下・鳳皇 太平御覽卷九一五・羽族部二・鳳

異文朕維不仁。蓂莢浮著。百獸鳳晨。太平御覽卷八一・皇王部六・帝舜有虞氏

舜曰其六十二

至誠感神。矧茲有苗。舜拜昌言曰。

俞。班師振旅。冊府元龜卷三一一・宰輔部・謀猷

異文禹拜昌言曰。俞。班師振旅。尚書・虞書・大禹謨 冊府元龜卷一二一・帝王部・征討 冊府元龜卷一七〇・帝王部・來遠 宋・范純仁・尚書解・大禹謨

舜曰其六十三

河圖握拒起曰。帝命伯禹曰。

告汝。九術五勝之常。可以克之。汝能從之。汝師徒將興。太平御覽卷八二・皇王部七・夏帝禹 冊府元龜卷一七〇・帝王部・來遠

舜曰其六十四

堯以天下歸之舜。舜曰。

德弗嗣。（宋・王令・策問・讓德）

附錄帝曰。格汝舜。詢事考言。乃言厎可績。三載。汝陟帝位。舜讓于德。弗嗣。（尚書・虞書・舜典）

舜曰其六十五

舜曰。其難任人。蠻夷率服。又曰。

無怠無荒。四夷來王。（宋・李清臣・唐太宗論）

異文益曰。無怠無荒。四夷來王。（尚書・虞書・大禹謨）

舜曰其六十六

□是去非。舜曰。

請問實居是去（闕）（銀雀山一號墓漢簡〇〇五二二）

舜曰其六十七

舜曰。

曹人之不能守其國闕（銀雀山一號墓漢簡〇〇六八九）

舜曰其六十八

舜曰。

請問其說。牟成闕（銀雀山一號墓漢簡〇〇七一五）

附錄：參考書目

宓戲雜子道二十篇（漢書卷三十·藝文志第十）

顓頊五星曆十四卷（漢書卷三十·藝文志第十）

堯戒舜禹一卷（隋書卷三十二·志第二十七）

顓頊曆二十一卷（漢書卷三十·藝文志第十）

堯舜陰道二十三卷（漢書卷三十·藝文志第十）

《中國古典數字工程叢書》已出書目

老子集　列子集　莊子集　孫子集　鬼谷子集　黃帝集　炎帝集　皇甫謐集　中華史表

太古帝王集：

帝太昊集　無懷氏集　帝少昊集　帝顓頊集　帝嚳集　帝堯集　帝舜集

太古臣民集：

廣成子集　天真皇人集　容成氏集　赤松子集　巫咸集　無為子集　風后集

天老集　倉頡集　甯封子集　歧伯集　伯高集　鬼臾區集　少師集

桐君集　雷公集　少俞集　高陽負集　伍胥集　馬師皇集　力黑集

閹冉集　果童集　師曠集　彭祖集　共工氏集　放齊集　四岳集

讙兜集　皋陶集　伯益集　夔集　被衣集　王倪集　齧缺集

許由集　巢父集　意而子集　蒲衣子集　壤父集　善卷集　子州支父集

華封人集　伯成子高集　鯀集　務成子集　后稷集　遲任集　石戶之農集

白石先生集　西王母集　玄女集　素女集　北門成集　知集　狂屈集

丞集　肩吾集

夏商周三代帝王集：

帝禹集　帝啟集　帝孔甲集　帝桀集　帝成湯集　帝太甲集　帝盤庚集

帝武丁集　帝辛集　周文王集　周武王集　周成王集　周康王集　周昭王集

周穆王集　周孝王集　周厲王集　周宣王集　周幽王集　周平王集　周惠王集

周襄王集　周定王集　周靈王集　周景王集　周敬王集